Hojas de Trabajo
1 a 6

Caleb Gattegno

Educational Solutions Worldwide Inc.

Tabla de Contenido

Hoja de Trabajo 1

I.   Utilizando los signos contenidos en la Tabla 1, forme palabras
     diferentes de las que se encuentran en las láminas y en el Libro 1

     Escríbalas.

     ¿Cuántas ha formado? _____

II.   **¿Cuáles de las palabras que ha escrito son españolas?**

¿Cuántas de ellas conoce? _____

4

III.   ¿Qué significa cada una de las palabras siguientes?

¿Podría hacer un dibujo o encontrar una ilustración para cada una?

luna   molino   melón

animal   mono   mamá

¿Cuántos dibujos ha hecho? _____

¿Cuántas ilustraciones ha encontrado? _____

IV.   En las palabras siguientes, ponga un círculo alrededor de los signos
        que <u>no</u> aparecen en la Tabla 1.

        invierno   cabello   quiere

        navaja   albergue   carro

        cuarenta   elimina   humo

¿Cuántas son las palabras que solo usan signos de la Tabla 1? _____

¿Cuántas son las que usan otros signos? _____

Escriba todas las palabras que quiera y ponga un círculo alrededor de los
signos que <u>no</u> aparecen en la Tabla 1.

V.   Forme tantas palabras como pueda, poniendo en cada espacio vació uno de los signos de la Tabla 1.

1. l ___ ___

   l í o

   l e a

   l e í

   l e e

   l í a

2. a ___ ___

   _____

   _____

   _____

   _____

   _____

3. ___ l ___

   _____

   _____

   _____

   _____

   _____

4. ___ n ___ ___

   _____

   _____

   _____

   _____

   _____

¿Cuántas de estas palabras ha completado? _____

¿Cuántas formas diferentes ha encontrado para cada una?

1. _____   2. _____   3. _____   4. _____

V. **Forme tantas palabras como pueda, poniendo en cada espacio vació uno de los signos de la Tabla 1.**

5. m ___ ___

_____

_____

_____

_____

_____

6. ___ ___ a

_____

_____

_____

_____

_____

7. l e ___

_____

_____

_____

_____

_____

8. ___ m ___ ___

_____

_____

_____

_____

_____

¿Cuántas de estas palabras ha completado? _____

¿Cuántas formas diferentes ha encontrado para cada una?

5. _____   6. _____   7. _____   8. _____

V.   Forme tantas palabras como pueda, poniendo en cada espacio vació uno de los signos de la Tabla 1.

9. ___ ___ ___ n o

    _____

    _____

    _____

    _____

    _____

10. l ___ ___ o

    _____

    _____

    _____

    _____

    _____

11. u ___ ___

    _____

    _____

    _____

    _____

    _____

12. ___ ___ l ___

    _____

    _____

    _____

    _____

    _____

¿Cuántas de estas palabras ha completado? _____

¿Cuántas formas diferentes ha encontrado para cada una?

9. _____   10. _____   11. _____   12. _____

V. Forme tantas palabras como pueda, poniendo en cada espacio vació uno de los signos de la Tabla 1.

13. ___ n ___

_____

_____

_____

_____

_____

14. l ___ n ___

_____

_____

_____

_____

_____

15. l ___ m ___

_____

_____

_____

_____

_____

16. m ___ n ___

_____

_____

_____

_____

_____

¿Cuántas de estas palabras ha completado? _____

¿Cuántas formas diferentes ha encontrado para cada una?

13. _____   **14.** _____   **15.** _____   **16.** _____

V.   Forme tantas palabras como pueda, poniendo en cada espacio vació uno de los signos de la Tabla 1.

17. ___ ___ m ___

_____

_____

_____

_____

_____

18. ___ i ___ ___

_____

_____

_____

_____

_____

19. m ___ ___ o

_____

_____

_____

_____

20. m ___ ___ a

_____

_____

_____

_____

¿Cuántas de estas palabras ha completado? _____

¿Cuántas formas diferentes ha encontrado para cada una?

17. _____   18. _____   19. _____   20. _____

V. **Forme tantas palabras como pueda, poniendo en cada espacio vació uno de los signos de la Tabla 1.**

21. a ___ ___ m ___ ___   22. l ___ ___ ___ n

_____   _____

_____   _____

_____   _____

_____   _____

_____   _____

23. ___ ___ ___ ___ l n ___   24. m___ l ___ n ___

_____   _____

_____   _____

_____   _____

_____   _____

_____   _____

¿Cuántas de estas palabras ha completado? _____

¿Cuántas formas diferentes ha encontrado para cada una?

21. _____   22. _____   23. _____   24. _____

Juego de Transformaciones VI.

1. *de*   *a*

    me   **amo**

2. *de*   *a*

    la   **mal**

3. *de*   *a*

    mi   **leía**

Juego de Transformaciones VI.

4. *de*   *a*

      la   **ame**

5. *de*   *a*

      mía   **miman**

6. *de*   *a*

      no   **mala**

VI.   Escriba dos palabras y repita con ellas el juego anterior. La primera
        ha de ser más corta que la segunda.

Repita el ejercicio algunas veces.

¿Cuántas pares de palabras ha escrito? _____

¿Cuántas caminos distintos ha encontrado para cada par? _____

VII.   Escriba algunas frases con palabras que solo contengan signos de la Tabla 1.

¿Cuántas frases ha escrito? _____

VII.   Escriba aquí otras frases utilizando palabras conocidas.

¿Cuántas frases ha escrito? _____

_____

Sume todos puntajes obtenidos. El total será su resultado para Hoja de
Trabajo No.1.

fecha _____

Hoja de Trabajo 2

I.   **Utilizando los signos contenidos en la Tabla 2, forme palabras diferentes de las que se encuentran en las láminas y en el Libro 2 hasta la página 8.**

¿**Cuántas ha formado?** _____

II.   **¿Cuáles de las palabras que ha escrito son españolas? Escríbalas.**

¿Cuántas de ellas conoce? _____

III.   ¿Qué significa cada una de las palabras siguientes?

¿Podría hacer un dibujo o encontrar una ilustración para cada una?

pasa   **peine**   **siete**

plato   **sol**   **limpio**

¿Cuántos dibujos ha hecho? _____

¿Cuántas ilustraciones ha encontrado? _____

IV.   En las palabras siguientes, ponga un círculo alrededor de los signos
       que <u>no</u> aparecen en la Tabla 2.

salida   hacienda   zapatilla

batalla   felicidad   forro

águila   hombre   guardia

¿Cuántas son las palabras que solo usan signos de la Tabla 2? _____

¿Cuántas son las que usan otros signos? _____

Escriba todas las palabras que quiera y ponga un círculo alrededor de los
signos que <u>no</u> aparecen en la Tabla 2.

V.   Forme tantas palabras como pueda, poniendo en cada espacio vació uno de los signos de la Tabla 2.

1. p ___ ___ ___

      _____

      _____

      _____

      _____

      _____

2. t ___ ___

      _____

      _____

      _____

      _____

      _____

3. o ___ ___

      _____

      _____

      _____

      _____

      _____

4. ___ s ___

      _____

      _____

      _____

      _____

      _____

¿Cuántas de estas palabras ha completado? _____

¿Cuántas formas diferentes ha encontrado para cada una?

1. _____   2. _____   3. _____   4. _____

V. **Forme tantas palabras como pueda, poniendo en cada espacio vació uno de los signos de la Tabla 2.**

5. s a ___ ___

_____

_____

_____

_____

_____

6. m ___ t ___

_____

_____

_____

_____

_____

7. p ___ n ___

_____

_____

_____

_____

_____

8. ___ ___ p a

_____

_____

_____

_____

_____

¿Cuántas de estas palabras ha completado? _____

¿Cuántas formas diferentes ha encontrado para cada una?

5. _____   **6.** _____   **7.** _____   **8.** _____

V. Forme tantas palabras como pueda, poniendo en cada espacio vació uno de los signos de la Tabla 2.

9. s ___ ___ a   10. p ___ l ___

_____   _____

_____   _____

_____   _____

_____   _____

_____   _____

11. ___ ___ s o   12. p ___ t ___

_____   _____

_____   _____

_____   _____

_____   _____

_____   _____

¿Cuántas de estas palabras ha completado? _____

¿Cuántas formas diferentes ha encontrado para cada una?

9. _____   10. _____   11. _____   12. _____

V. Forme tantas palabras como pueda, poniendo en cada espacio vació uno de los signos de la Tabla 2.

13. p ___ s ___

_____

_____

_____

_____

_____

14. ___ ___ t o

_____

_____

_____

_____

_____

15. ___ o ___ ___

_____

_____

_____

_____

_____

16. t ___ ___ a

_____

_____

_____

_____

_____

¿Cuántas de estas palabras ha completado? _____

¿Cuántas formas diferentes ha encontrado para cada una?

13. _____ **14.** _____ **15.** _____ **16.** _____

V. Forme tantas palabras como pueda, poniendo en cada espacio vació uno de los signos de la Tabla 2.

17. ___ ___ n a

_____

_____

_____

_____

_____

18. ___ ___ e ___

_____

_____

_____

_____

_____

19. ___ ___ m o

_____

_____

_____

_____

_____

20. s ___ n ___

_____

_____

_____

_____

_____

¿Cuántas de estas palabras ha completado? _____

¿Cuántas formas diferentes ha encontrado para cada una?

17. _____   18. _____   19. _____   20. _____

V. Forme tantas palabras como pueda, poniendo en cada espacio vació uno de los signos de la Tabla 1.

21. ___ s ___ ___

_____

_____

_____

_____

_____

22. t ___ n ___ ___

_____

_____

_____

_____

_____

23. ___ ___ t a

_____

_____

_____

_____

_____

24. p a s ___ ___ ___

_____

_____

_____

_____

_____

¿Cuántas de estas palabras ha completado? _____

¿Cuántas formas diferentes ha encontrado para cada una?

21. _____   **22.** _____   **23.** _____   **24.** _____

Juego de Transformaciones VI.

1.   *de*   *a*

   ato   **pasos**

2.   *de*   *a*

   al   **pisas**

3.   *de*   *a*

   pipa   **mientas**

31

Juego de Transformaciones VI.

4.   *de*   *a*

   ala   **mapas**

5.   *de*   *a*

   lana   **tose**

6.   *de*   *a*

   nena   **sanas**

VI.   Escriba dos palabras y repita con ellas el juego anterior. La primera
        ha de ser más corta que la segunda.

Repita el ejercicio algunas veces.

¿Cuántas pares de palabras ha escrito? _____

¿Cuántas caminos distintos ha encontrado para cada par? _____

VII.   Escriba algunas frases con palabras que solo contengan signos de la
         Tabla 2.

¿Cuántas frases ha escrito? _____

VII. **Escriba aquí otras frases utilizando palabras conocidas.**

¿Cuántas frases ha escrito? _____

_____

Sume todos puntajes obtenidos. El total será su resultado para Hoja de Trabajo No. 2.

```
┌─────────────┐
│             │       fecha _____
│             │
└─────────────┘
```

Hoja de Trabajo 3

I. Utilizando los signos contenidos en la Tabla 4, forme palabras diferentes de las que se encuentran en las láminas y en el Libro 2 hasta la página 12.

¿Cuántas ha formado? _____

II.   ¿Cuáles de las palabras que ha escrito son españolas?
        Escríbalas.

¿Cuántas de ellas conoce? _____

III.   ¿Qué significa cada una de las palabras siguientes?

¿Podría hacer un dibujo o encontrar una ilustración para cada una?

famoso   **fiesta**   **patio**

arete   **ayer**   **faro**

diente   **fumar**   **sopero**

¿Cuántos dibujos ha hecho? _____

¿Cuántas ilustraciones ha encontrado? _____

IV.   En las palabras siguientes, ponga un círculo alrededor de los signos que <u>no</u> aparecen en la Tabla 3.

yema   **techo**   **agarrar**

barro   **soldado**   **limpieza**

añadir   **flecha**   **hierro**

¿Cuántas son las palabras que solo usan signos de la Tabla 3? _____

¿Cuántas son las que usan otros signos? _____

Escriba todas las palabras que quiera y ponga un círculo alrededor de los signos que <u>no</u> aparecen en la Tabla 3.

V. Forme tantas palabras como pueda, poniendo en cada espacio vació uno de los signos de la Tabla 3.

1. ___ r ___

2. ___ ___ r

_____

_____

_____

_____

_____

_____

_____

_____

_____

_____

3. f ___ ___ ___ a

4. d ___ ___

_____

_____

_____

_____

_____

_____

_____

_____

_____

_____

¿Cuántas de estas palabras ha completado? _____

¿Cuántas formas diferentes ha encontrado para cada una?

1. _____   2. _____   3. _____   4. _____

43

V. Forme tantas palabras como pueda, poniendo en cada espacio vació uno de los signos de la Tabla 3.

5. ___ a r

_____

_____

_____

_____

_____

6. y e ___ ___

_____

_____

_____

_____

_____

7. ___ r m ___

_____

_____

_____

_____

_____

8. ___ ___ r ___

_____

_____

_____

_____

_____

¿Cuántas de estas palabras ha completado? _____

¿Cuántas formas diferentes ha encontrado para cada una?

5. _____   6. _____   7. _____   8. _____

V. Forme tantas palabras como pueda, poniendo en cada espacio vació uno de los signos de la Tabla 3.

9. d ___ ___ ___ s

10. f ___ ___

11. p ___ r ___

12. ___ ___ y

¿Cuántas de estas palabras ha completado? _____

¿Cuántas formas diferentes ha encontrado para cada una?

9. _____   10. _____   11. _____   12. _____

V. **Forme tantas palabras como pueda, poniendo en cada espacio vació uno de los signos de la Tabla 3.**

13. ____ ____ t ____ r

_____

_____

_____

_____

_____

14. ____ ____ r t____

_____

_____

_____

_____

_____

15. f ____ ____ ____

_____

_____

_____

_____

_____

16. ____ ____ n d ____

_____

_____

_____

_____

_____

¿Cuántas de estas palabras ha completado? _____

¿Cuántas formas diferentes ha encontrado para cada una?

13. _____   **14.** _____   **15.** _____   **16.** _____

V. Forme tantas palabras como pueda, poniendo en cada espacio vació uno de los signos de la Tabla 3.

17. ___ ___ ___ i a

18. ___ ___ ___ t a r

19. s ___ ___

20. ___ ___ ___ s

¿Cuántas de estas palabras ha completado? _____

¿Cuántas formas diferentes ha encontrado para cada una?

17. _____   18. _____   19. _____   20. _____

V.   **Forme tantas palabras como pueda, poniendo en cada espacio vació uno de los signos de la Tabla 3.**

21. d ___ r ___ ___

22. p ___ ___ a r

_____

_____

_____

_____

_____

_____

_____

_____

_____

_____

23. t ___ ___ ___ r

24. ___ ___ n ___ ___

_____

_____

_____

_____

_____

_____

_____

_____

_____

_____

¿Cuántas de estas palabras ha completado? _____

¿Cuántas formas diferentes ha encontrado para cada una?

21. _____   **22.** _____   **23.** _____   **24.** _____

Juego de Transformaciones VI.

1.　　*de*　　　　　　　　　　　　　　　　　*a*

　　yo　　　　　　　　　　　　　　　　**para**

2.　　*de*　　　　　　　　　　　　　　　　　*a*

　　duro　　　　　　　　　　　　　　**fuente**

3.　　*de*　　　　　　　　　　　　　　　　　*a*

　　fino　　　　　　　　　　　　　　　**toros**

Juego de Transformaciones VI.

4.   *de*   *a*

        del   **leías**

5.   *de*   *a*

        oro   **misa**

6.   *de*   *a*

        fea   **dientes**

VI.   Escriba dos palabras y repita con ellas el juego anterior. La primera ha de ser más corta que la segunda.

Repita el ejercicio algunas veces.

¿Cuántas pares de palabras ha escrito? _____

¿Cuántas caminos distintos ha encontrado para cada par? _____

VII.   Escriba algunas frases con palabras que solo contengan signos de la
        Tabla 3.

¿Cuántas frases ha escrito? _____

VII.   Escriba aquí otras frases utilizando palabras conocidas.

¿Cuántas frases ha escrito? _____

Sume todos puntajes obtenidos. El total será su resultado para Hoja de Trabajo No.3.

fecha _____

53

Hoja de Trabajo 4

I.   **Utilizando los signos contenidos en la Tabla 4, forme palabras diferentes de las que se encuentran en las láminas y en el Libro 2 hasta la página 24.**

¿Cuántas ha formado? _____

II.   ¿Cuáles de las palabras que ha escrito son españolas?
       Escríbalas.

¿Cuántas de ellas conoce? _____

III.   ¿Qué significa cada una de las palabras siguientes?

¿Podría hacer un dibujo o encontrar una ilustración para cada una?

chispa	**llano**	**reyes**
pañuelo	**taxi**	**pollo**
examen	**rueda**	**ruido**

¿Cuántos dibujos ha hecho? _____

¿Cuántas ilustraciones ha encontrado? _____

IV.   En las palabras siguientes, ponga un círculo alrededor de los signos que <u>no</u> aparecen en la Tabla 4.

garaje   **horizonte**   **corazón**

azúcar   **zorro**   **señal**

ocho   **haz**   **queso**

¿Cuántas son las palabras que solo usan signos de la Tabla 4? _____

¿Cuántas son las que usan otros signos? _____

Escriba todas las palabras que quiera y ponga un círculo alrededor de los signos que <u>no</u> aparecen en la Tabla 4.

V. Forme tantas palabras como pueda, poniendo en cada espacio vació uno de los signos de la Tabla 4.

1. r ___ ___

_____

_____

_____

_____

_____

2. ___ ___ s ___

_____

_____

_____

_____

_____

3. ___ c h ___

_____

_____

_____

_____

_____

4. c h ___ ___ ___ ___

_____

_____

_____

_____

_____

¿Cuántas de estas palabras ha completado? _____

¿Cuántas formas diferentes ha encontrado para cada una?

1. _____   2. _____   3. _____   4. _____

V. Forme tantas palabras como pueda, poniendo en cada espacio vació uno de los signos de la Tabla 4.

5. p u ___ ___ ___

_____

_____

_____

_____

_____

6. ___ ___ c h ___

_____

_____

_____

_____

_____

7. ___ ___ ___ o

_____

_____

_____

_____

_____

8. ___ ___ ñ ___

_____

_____

_____

_____

_____

¿Cuántas de estas palabras ha completado? _____

¿Cuántas formas diferentes ha encontrado para cada una?

5. _____   6. _____   7. _____   8. _____

V.   Forme tantas palabras como pueda, poniendo en cada espacio vació uno de los signos de la Tabla 4.

9. ___ ___r r ___

10. ___ ___ l l ___

_____

_____

_____

_____

_____

_____

_____

_____

_____

_____

11. t ___ ___ ___

12. s ___ ___ ___ ___

_____

_____

_____

_____

_____

_____

_____

_____

_____

_____

¿Cuántas de estas palabras ha completado? _____

¿Cuántas formas diferentes ha encontrado para cada una?

9. _____   10. _____   11. _____   12. _____

V.   **Forme tantas palabras como pueda, poniendo en cada espacio vació uno de los signos de la Tabla 4.**

13. l l ___ ___ ___ ___

14. ___ ___ ___ i t a

_____

_____

_____

_____

_____

_____

_____

_____

_____

_____

15. ___ ___ ___ r ___ ___ ___

16. t ___ ___ ___ p ___ n ___

_____

_____

_____

_____

_____

_____

_____

_____

_____

_____

¿Cuántas de estas palabras ha completado? _____

¿Cuántas formas diferentes ha encontrado para cada una?

13. _____   14. _____   15. _____   16. _____

V. Forme tantas palabras como pueda, poniendo en cada espacio vació uno de los signos de la Tabla 4.

17. __ __ d __

  _____

  _____

  _____

  _____

  _____

18. __ __ __ d o

  _____

  _____

  _____

  _____

  _____

19. __ __ __ t a __ __

  _____

  _____

  _____

  _____

  _____

20. l l __ __ a

  _____

  _____

  _____

  _____

  _____

¿Cuántas de estas palabras ha completado? _____

¿Cuántas formas diferentes ha encontrado para cada una?

17. _____ 18. _____ 19. _____ 20. _____

V.   **Forme tantas palabras como pueda, poniendo en cada espacio vació uno de los signos de la Tabla 4.**

21. r ___ ___ ___ s

_____

_____

_____

_____

_____

22. r ___ ___ ___

_____

_____

_____

_____

_____

23. ___ ___ ___ ___ i a

_____

_____

_____

_____

_____

24. ___ ___ i ___ ___

_____

_____

_____

_____

_____

¿Cuántas de estas palabras ha completado? _____

¿Cuántas formas diferentes ha encontrado para cada una?

21. _____   **22.** _____   **23.** _____   **24.** _____

Juego de Transformaciones VI.

1.   *de*   *a*

   oso   **hacha**

2.   *de*   *a*

   mucho   **muerdo**

3.   *de*   *a*

   llora   **mano**

Juego de Transformaciones VI.

4.　*de*　　　　　　　　　　　　　*a*

　rosa　　　　　　　　　　　　miran

5.　*de*　　　　　　　　　　　　　*a*

　ley　　　　　　　　　　　　　reinas

6.　*de*　　　　　　　　　　　　　*a*

　año　　　　　　　　　　　　　perro

VI. Escriba dos palabras y repita con ellas el juego anterior. La primera ha de ser más corta que la segunda.

Repita el ejercicio algunas veces.

¿Cuántas pares de palabras ha escrito? _____

¿Cuántas caminos distintos ha encontrado para cada par? _____

VII.   Escriba algunas frases con palabras que solo contengan signos de la Tabla 4.

¿Cuántas frases ha escrito? _____

VII.   **Escriba aquí otras frases utilizando palabras conocidas.**

¿Cuántas frases ha escrito? _____

_____

**Sume todos puntajes obtenidos. El total será su resultado para Hoja de
Trabajo No.4.**

fecha _____

Hoja de Trabajo 5

I.   Utilizando los signos contenidos en la Tabla 5, forme palabras diferentes de las que se encuentran en las láminas y en el Libro 2 hasta la página 36.

¿Cuántas ha formado? _____

II. ¿Cuáles de las palabras que ha escrito son españolas?
Escríbalas.

¿Cuántas de ellas conoce? _____

III.   ¿Qué significa cada una de las palabras siguientes?

¿Podría hacer un dibujo o encontrar una ilustración para cada una?

humo   quemado   chaqueta

café   hinchado   gato

gordo   azúcar   cuerda

¿Cuántos dibujos ha hecho? _____

¿Cuántas ilustraciones ha encontrado? _____

IV.   En las palabras siguientes, ponga un círculo alrededor de los signos
       que <u>no</u> aparecen en la Tabla 5.

cenicero   garbanzo   cocina

nueces   juguete   gigante

vaquero   cejas   volaba

¿Cuántas son las palabras que solo usan signos de la Tabla 5? _____

¿Cuántas son las que usan otros signos? _____

Escriba todas las palabras que quiera y ponga un círculo alrededor de los
signos que <u>no</u> aparecen en la Tabla 5.

V.   **Forme tantas palabras como pueda, poniendo en cada espacio vació uno de los signos de la Tabla 5.**

1. q u ___ ___

    _____

    _____

    _____

    _____

    _____

2. h u ___ ___

    _____

    _____

    _____

    _____

    _____

3. ___ ___ c ___

    _____

    _____

    _____

    _____

    _____

4. ___ ___ z ___

    _____

    _____

    _____

    _____

    _____

¿Cuántas de estas palabras ha completado? _____

¿Cuántas formas diferentes ha encontrado para cada una?

1. _____   2. _____   3. _____   4. _____

V. **Forme tantas palabras como pueda, poniendo en cada espacio vació uno de los signos de la Tabla 5.**

5. ___ ___ m i ___ ___

6. g ___ ___ ___

_____

_____

_____

_____

_____

_____

_____

_____

_____

_____

7. ___ ___ p ___ ___

8. ___ ___ r o

_____

_____

_____

_____

_____

_____

_____

_____

_____

_____

¿Cuántas de estas palabras ha completado? _____

¿Cuántas formas diferentes ha encontrado para cada una?

5. _____   6. _____   7. _____   8. _____

V.   Forme tantas palabras como pueda, poniendo en cada espacio vació uno de los signos de la Tabla 5.

9. h o ___ ___ ___

_____

_____

_____

_____

_____

10. g u ___ ___ ___ ___

_____

_____

_____

_____

_____

11. h e ___ ___ ___

_____

_____

_____

_____

_____

12. ___ ___ ___ g ___

_____

_____

_____

_____

_____

¿Cuántas de estas palabras ha completado? _____

¿Cuántas formas diferentes ha encontrado para cada una?

9. _____   10. _____   11. _____   12. _____

V.   Forme tantas palabras como pueda, poniendo en cada espacio vació uno de los signos de la Tabla 5.

13. r ___ z ___ ___

_____

_____

_____

_____

_____

14. p ___ ___ a ___ ___

_____

_____

_____

_____

_____

15. c ___ ___ ___ ___ o

_____

_____

_____

_____

_____

16. ___ ___ s a ___ ___

_____

_____

_____

_____

_____

¿Cuántas de estas palabras ha completado? _____

¿Cuántas formas diferentes ha encontrado para cada una?

13. _____   14. _____   15. _____   16. _____

V. Forme tantas palabras como pueda, poniendo en cada espacio vació
    uno de los signos de la Tabla 5.

17. ___ ___ ___ ___ z a   18. a ___ ___ ___ o

_____   _____

_____   _____

_____   _____

_____   _____

_____   _____

19. q u ___ ___ ___ r   20. a ___ ___ ___

_____   _____

_____   _____

_____   _____

_____   _____

_____   _____

¿Cuántas de estas palabras ha completado? _____

¿Cuántas formas diferentes ha encontrado para cada una?

17. _____   18. _____   19. _____   20. _____

V.   Forme tantas palabras como pueda, poniendo en cada espacio vació uno de los signos de la Tabla 5.

21. z ___ ___ ___

22. ___ ___ ___ n d o

_____

_____

_____

_____

_____

_____

_____

_____

_____

_____

23. ___ ___ n ___ ___

24. h a ___ ___ ___

_____

_____

_____

_____

_____

_____

_____

_____

_____

_____

¿Cuántas de estas palabras ha completado? _____

¿Cuántas formas diferentes ha encontrado para cada una?

21. _____   22. _____   23. _____   24. _____

Juego de Transformaciones VI.

1. *de*   *a*

    haz   **calma**

2. *de*   *a*

    acá   **gallo**

3. *de*   *a*

    hoy   **sequía**

Juego de Transformaciones VI.

4. *de*   *a*

    dio   **flecha**

5. *de*   *a*

    y   **ruidosa**

6. *de*   *a*

    oso   **temía**

VI. Escriba dos palabras y repita con ellas el juego anterior. La primera ha de ser más corta que la segunda.

Repita el ejercicio algunas veces.

¿Cuántas pares de palabras ha escrito? _____

¿Cuántas caminos distintos ha encontrado para cada par? _____

VII.   Escriba algunas frases con palabras que solo contengan signos de la Tabla 5.

¿Cuántas frases ha escrito? _____

VII. **Escriba aquí otras frases utilizando palabras conocidas.**

¿Cuántas frases ha escrito? _____

Sume todos puntajes obtenidos. El total será su resultado para Hoja de Trabajo No.5.

fecha _____

Hoja de Trabajo 6

I.   **Utilizando los signos contenidos en la Tabla 6, forme palabras diferentes de las que se encuentran en las láminas y en el Libro 2.**

¿Cuántas ha formado? _____

II.   ¿Cuáles de las palabras que ha escrito son españolas?
        Escríbalas.

¿Cuántas de ellas conoce? _____

III.   ¿Qué significa cada una de las palabras siguientes?

¿Podría hacer un dibujo o encontrar una ilustración para cada una?

dulce   **ciego**   **guerra**

invierno   **verde**   **habitación**

lejos   **gitano**   **abuelo**

¿Cuántos dibujos ha hecho? _____

¿Cuántas ilustraciones ha encontrado? _____

95

IV.   En las palabras siguientes, ponga un círculo alrededor de los signos que <u>no</u> aparecen en la Tabla 6.

viaje   **navaja**   **guiaba**

ciudad   **comedor**   **jueves**

vacaciones   **gusano**   **barbero**

¿Cuántas son las palabras que sólo usan signos de la Tabla 6? _____

Escriba todas las palabras que quiera y ponga un círculo alrededor de los signos que <u>no</u> aparecen en la Tabla 6.

V.   Forme tantas palabras como pueda, poniendo en cada espacio vació uno de los signos de la Tabla 6.

1. c ___ ___ ___

2. v ___ ___ ___

_____

_____

_____

_____

_____

_____

_____

_____

_____

_____

3. ___ ___ ___ ___ b a

4. ___ j ___

_____

_____

_____

_____

_____

_____

_____

_____

_____

_____

¿Cuántas de estas palabras ha completado? _____

¿Cuántas formas diferentes ha encontrado para cada una?

1. _____   2. _____   3. _____   4. _____

V.   **Forme tantas palabras como pueda, poniendo en cada espacio vació uno de los signos de la Tabla 6.**

5. h o ___ ___ ___

      _____

      _____

      _____

      _____

      _____

6. ___ ___ **n** ___

      _____

      _____

      _____

      _____

      _____

7. g ___ ___ ___ ___ ___

      _____

      _____

      _____

      _____

      _____

8. ___ ___ **z a** ___ ___

      _____

      _____

      _____

      _____

      _____

¿Cuántas de estas palabras ha completado? _____

¿Cuántas formas diferentes ha encontrado para cada una?

5. _____   **6.** _____   **7.** _____   **8.** _____

V.   Forme tantas palabras como pueda, poniendo en cada espacio vació uno de los signos de la Tabla 6.

9. b ___ ___ o

10. c i ___ ___ ___

    _____

    _____

    _____

    _____

    _____

11. ___ ___ g u ___

12. ___ ___ ___ e n

¿Cuántas de estas palabras ha completado? _____

¿Cuántas formas diferentes ha encontrado para cada una?

9. _____   10. _____   11. _____   12. _____

V. **Forme tantas palabras como pueda, poniendo en cada espacio vació uno de los signos de la Tabla 6.**

13. p e ___ ___ ___   14. l l ___ ___ ___ ___ a

_____   _____

_____   _____

_____   _____

_____   _____

_____   _____

15. ___ ___ c ___ ___   16. j ___ ___ ___ ___

_____   _____

_____   _____

_____   _____

_____   _____

_____   _____

¿Cuántas de estas palabras ha completado? _____

¿Cuántas formas diferentes ha encontrado para cada una?

13. _____   14. _____   15. _____   16. _____

V. Forme tantas palabras como pueda, poniendo en cada espacio vació uno de los signos de la Tabla 6.

17. b ___ ___ ___ ___

    _____

    _____

    _____

    _____

    _____

18. j ___ **r** ___ ___ ___

    _____

    _____

    _____

    _____

    _____

19. h a ___ ___ ___ ___

    _____

    _____

    _____

    _____

    _____

20. ___ **v** ___ ___ ___

    _____

    _____

    _____

    _____

    _____

¿Cuántas de estas palabras ha completado? _____

¿Cuántas formas diferentes ha encontrado para cada una?

17. _____   **18.** _____   **19.** _____   **20.** _____

V.   **Forme tantas palabras como pueda, poniendo en cada espacio vació uno de los signos de la Tabla 6.**

21. e x ___ ___ ___ ___ r   22. ___ ___ ___ ___ t a

_____   _____

_____   _____

_____   _____

_____   _____

_____   _____

23. ___ ___ b ___ ___   24. ___ ___ j ___

_____   _____

_____   _____

_____   _____

_____   _____

_____   _____

¿Cuántas de estas palabras ha completado? _____

¿Cuántas formas diferentes ha encontrado para cada una?

21. _____   22. _____   23. _____   24. _____

Juego de Transformaciones VI.

1.   *de*   *a*

       hilo   **tierra**

2.   *de*   *a*

       ola   **gemía**

3.   *de*   *a*

       ira   **tijeras**

Juego de Transformaciones VI.

4. *de*   *a*

    ve   **abuelos**

5. *de*   *a*

    se   **abajo**

6. *de*   *a*

    hijo   **valles**

VI.   Escriba dos palabras y repita con ellas el juego anterior. La primera ha de ser más corta que la segunda.

Repita el ejercicio algunas veces.

¿Cuántas pares de palabras ha escrito? _____

¿Cuántas caminos distintos ha encontrado para cada par? _____

VII. **Escriba varias oraciones sobre el mismo tema.**

¿Cuántas frases ha escrito? _____

VII.   **Escriba una historieta.**

¿Cuántas frases ha escrito? _____

Sume todos puntajes obtenidos. El total será su resultado para Hoja de Trabajo No.6.

fecha _____

107

www.ingramcontent.com/pod-product-compliance
Lightning Source LLC
Chambersburg PA
CBHW080520110426
42742CB00017B/3184